Selamat Malam, Sayangku!
Goodnight, My Love!

Shelley Admont
Ilustrato oleh Samir Boumsik

www.kidkiddos.com
Hakcipta©2016 oleh S.A. Publishing ©2017 KidKiddos Books Ltd.
support@kidkiddos.com

Edited by Martha Robert
Terjemahan daripada Bahasa Inggeris oleh Prasana Arasu
Translated from English by Prasana Arasu
Penyuntingan Bahasa Melayu oleh Nabilah Jailani
Malay Editing by Nabilah Jailani

Library and Archives Canada Cataloguing in Publication
Goodnight, My Love! (Malay English Bilingual Edition)/ Shelley Admont
ISBN: 978-1-5259-2308-1 paperback
ISBN: 978-1-5259-2309-8 hardcover
ISBN: 978-1-5259-2307-4 eBook

Please note that the Malay and English versions of the story have been written to be as close as possible. However, in some cases they differ in order to accommodate nuances and fluidity of each language.

KidKiddos Books

"Masa untuk tidur, anakku. Berus gigi dan pakai baju tidur. Naik ke katil, dan Ayah akan bacakan sebuah cerita untuk kamu," kata Ayah.

"Time for bed, son. Brush your teeth and put on your pajamas. Climb into bed, and I will read you a story," said Dad.

Apabila Alex naik ke katilnya, ayahnya membacakan sebuah cerita untuk Alex. Selepas itu, dia menyelimutkan Alex dan bersandar.

When Alex had climbed into bed, his dad read him a story. After that, he tucked him in and leaned over.

"*Selamat malam, anakku. Selamat malam, sayang. Ayah sayangkan kamu,*" *katanya.*
"Goodnight, son. Goodnight, dear. I love you," he said.

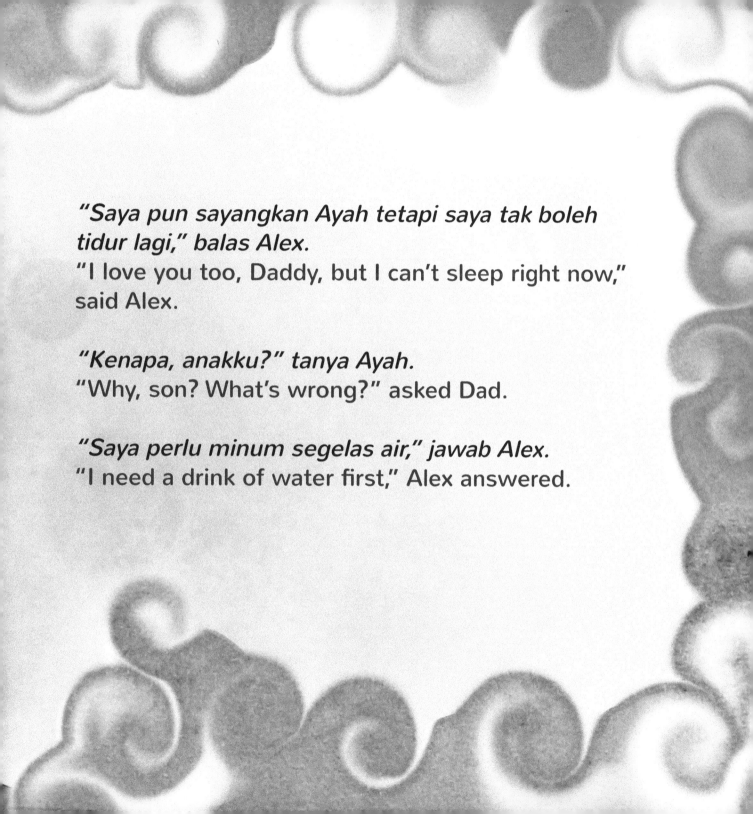

"Saya pun sayangkan Ayah tetapi saya tak boleh tidur lagi," balas Alex.
"I love you too, Daddy, but I can't sleep right now," said Alex.

"Kenapa, anakku?" tanya Ayah.
"Why, son? What's wrong?" asked Dad.

"Saya perlu minum segelas air," jawab Alex.
"I need a drink of water first," Alex answered.

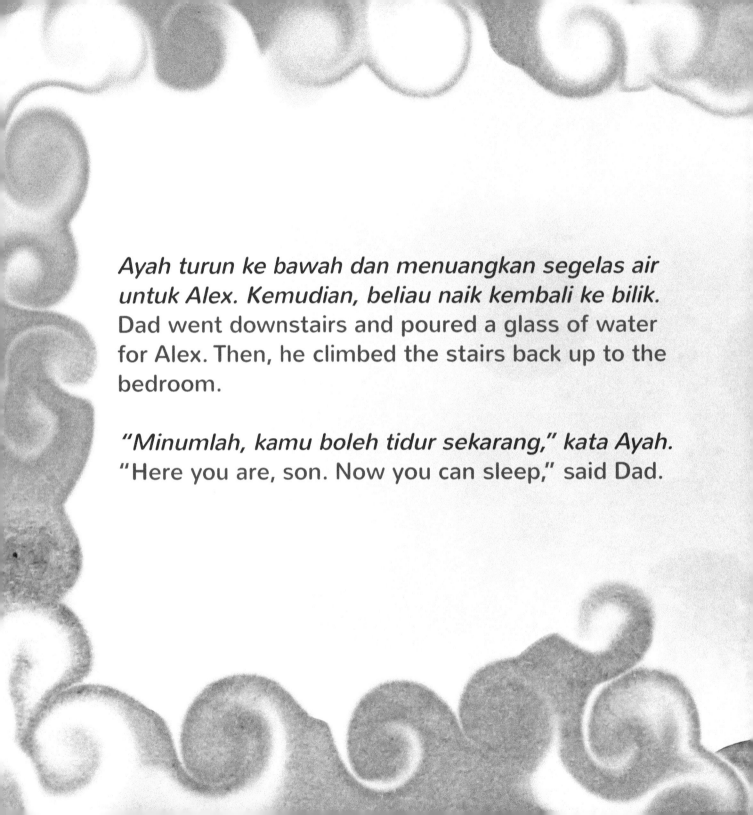

Ayah turun ke bawah dan menuangkan segelas air untuk Alex. Kemudian, beliau naik kembali ke bilik.
Dad went downstairs and poured a glass of water for Alex. Then, he climbed the stairs back up to the bedroom.

"Minumlah, kamu boleh tidur sekarang," kata Ayah.
"Here you are, son. Now you can sleep," said Dad.

Alex pun minum air tersebut lalu baring di atas katilnya. Ayahnya menyelimutkan Alex dan bersandar.
Alex drank the glass of water and lay back down. His dad tucked him in and leaned over.

"Selamat malam, anakku. Selamat malam, sayang. Ayah sayangkan kamu," katanya.

"Goodnight, son. Goodnight, dear. I love you," he said.

"Saya pun sayangkan Ayah tetapi saya tak boleh tidur lagi sekarang."

"I love you too, Daddy, but I can't sleep right now."

"Kenapa, anakku? Ada apa yang tidak kena?" tanya Ayah.

"Why, son? What's wrong?" asked Dad.

"Saya perlukan patung beruang saya," jawab Alex.

"I need my teddy bear," answered Alex.

Ayah pun keluar dari bilik untuk mengambil patung beruang yang berwarna biru.
Dad walked across the room and picked up a blue teddy bear.

Dia kemudian membawa ke bilik dan memberikannya kepada Alex.
He brought it back and gave it to Alex.

"*Bukan yang ini, Ayah. Saya perlukan patung beruang yang berwarna kelabu,*" kata Alex.
"Not this one, Daddy. I need the grey teddy bear," said Alex.

Ayah ketawa. Dia turun ke bawah untuk mendapatkan patung beruang yang berwarna kelabu dari sofa. Selepas itu, dia memanjat tangga untuk kembali ke bilik anaknya semula.

Dad laughed. He went downstairs to get a grey teddy bear from the couch. Then, he climbed the stairs back up to his son's room again.

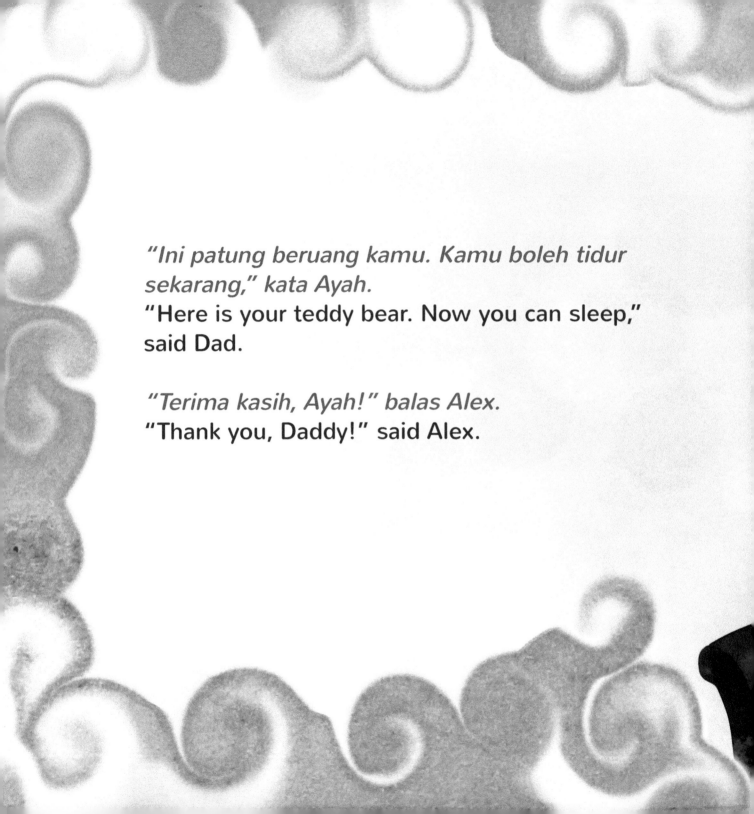

"Ini patung beruang kamu. Kamu boleh tidur sekarang," kata Ayah.
"Here is your teddy bear. Now you can sleep," said Dad.

"Terima kasih, Ayah!" balas Alex.
"Thank you, Daddy!" said Alex.

Ayah menyelimutkan anaknya bersama patung beruang dan bersandar.
Dad tucked in his son and the teddy bear and leaned over.

"Selamat malam, anakku. Selamat malam, sayang. Ayah sayangkan kamu," katanya.
"Goodnight, son. Goodnight, dear. I love you," he said.

"Saya pun sayangkan Ayah tetapi saya masih tak boleh tidur lagi," balas Alex sekali lagi.
"I love you too, Daddy, but I still can't sleep yet," said Alex again.

"Kenapa, anakku? Ada apa yang tidak kena?" tanya Ayah.
"Why, son? What's wrong?" asked Dad.

"Saya tidak tahu apa yang perlu dimimpikan," jawab Alex.
"Well, I don't know what to dream about," answered Alex.

"*Hmmm, itu sangat penting bukan?*" *tanya Ayah.*
Alex mengangguk.
"Hmmm, that's very important, isn't it?" said Dad.
Alex nodded.

"*Jadi, mengapa tidak kita rancang mimpi kamu bersama-sama?*" *tanya Ayah.*
"Then, why don't we plan your dream together?" asked Dad.

"*Itu idea yang bagus, Ayah!*"
"That's a good idea, Daddy!"

"Alex, jika kamu boleh menjadi apa-apa sahaja, apakah yang kamu ingin jadi?"
"If you could be anything at all, Alex, what would you be?"

"Saya akan menjadi seekor burung dan terapung di udara," jawab Alex.

"I'd be a bird and float on the breeze," answered Alex.

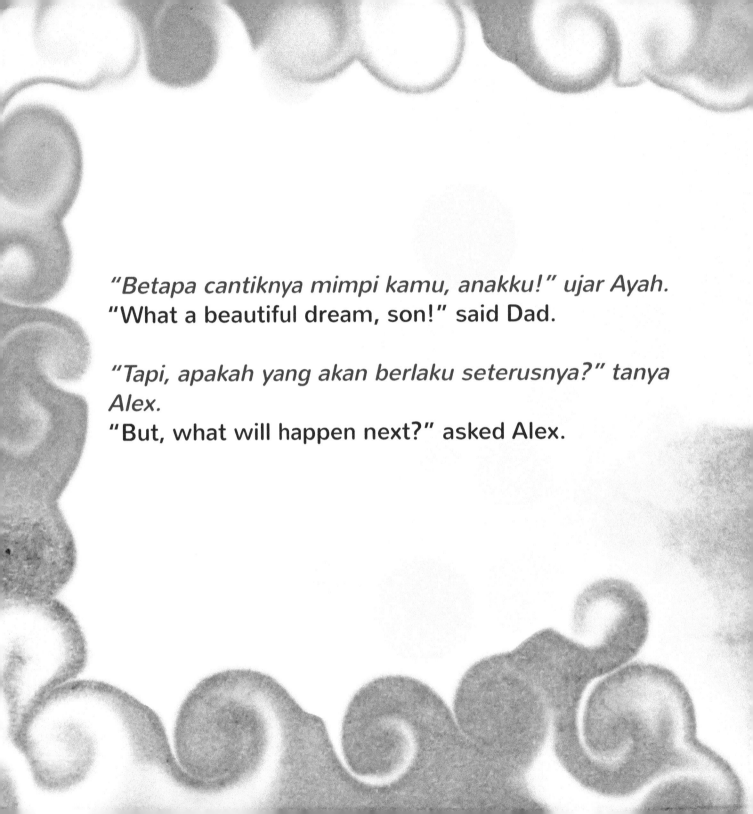

"Betapa cantiknya mimpi kamu, anakku!" ujar Ayah.
"What a beautiful dream, son!" said Dad.

"Tapi, apakah yang akan berlaku seterusnya?" tanya Alex.
"But, what will happen next?" asked Alex.

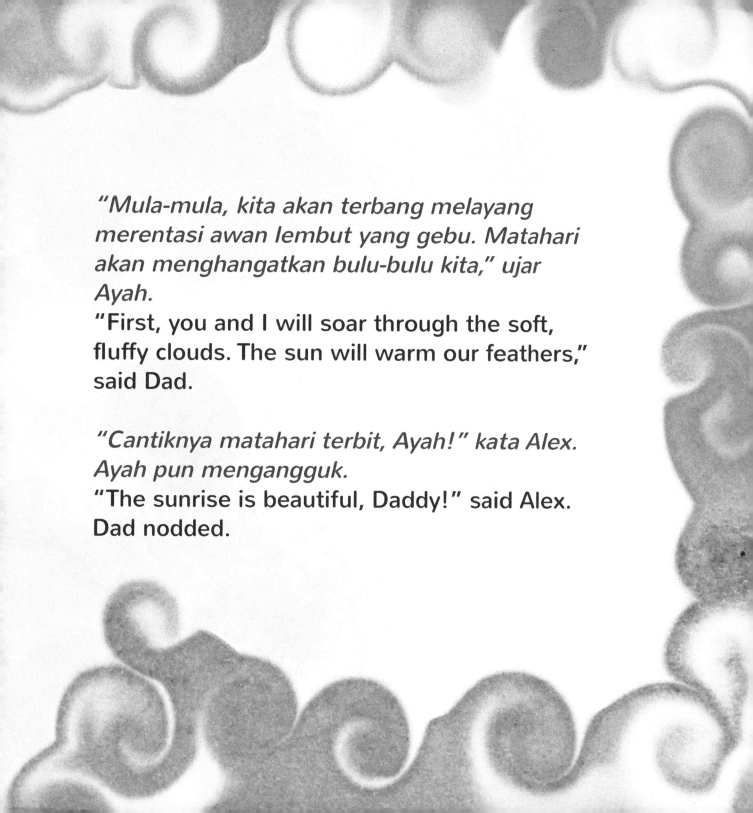

"*Mula-mula, kita akan terbang melayang merentasi awan lembut yang gebu. Matahari akan menghangatkan bulu-bulu kita,*" *ujar Ayah.*

"First, you and I will soar through the soft, fluffy clouds. The sun will warm our feathers," said Dad.

"*Cantiknya matahari terbit, Ayah!*" *kata Alex. Ayah pun mengangguk.*

"The sunrise is beautiful, Daddy!" said Alex. Dad nodded.

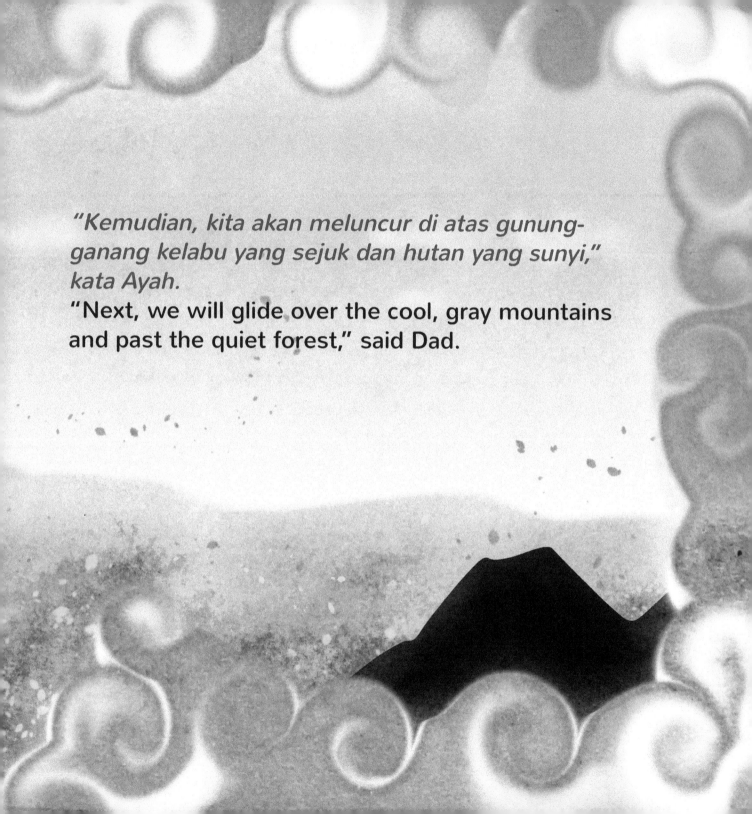

"Kemudian, kita akan meluncur di atas gunung-ganang kelabu yang sejuk dan hutan yang sunyi," kata Ayah.

"Next, we will glide over the cool, gray mountains and past the quiet forest," said Dad.

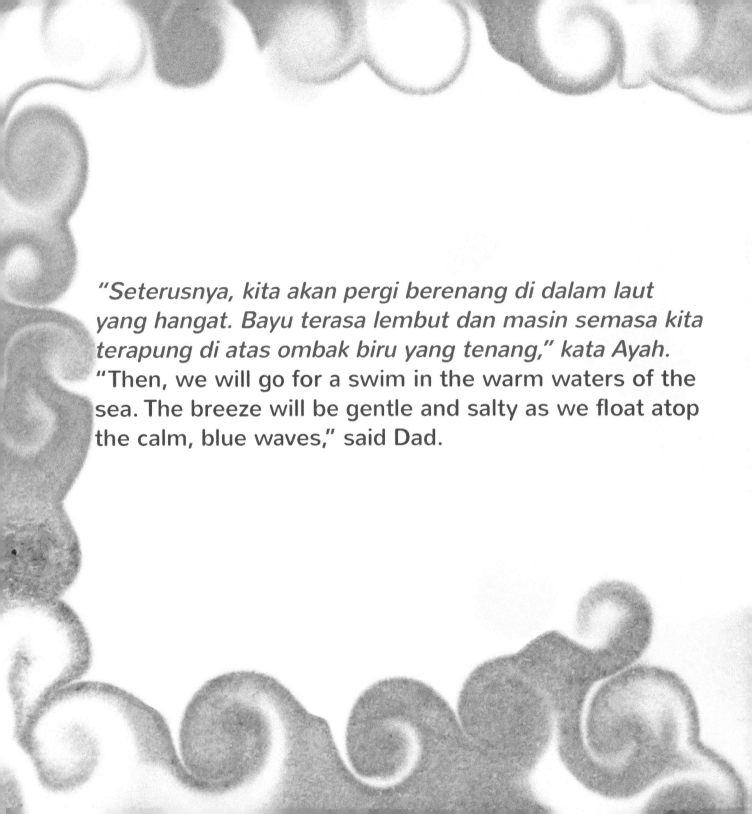

"Seterusnya, kita akan pergi berenang di dalam laut yang hangat. Bayu terasa lembut dan masin semasa kita terapung di atas ombak biru yang tenang," kata Ayah.
"Then, we will go for a swim in the warm waters of the sea. The breeze will be gentle and salty as we float atop the calm, blue waves," said Dad.

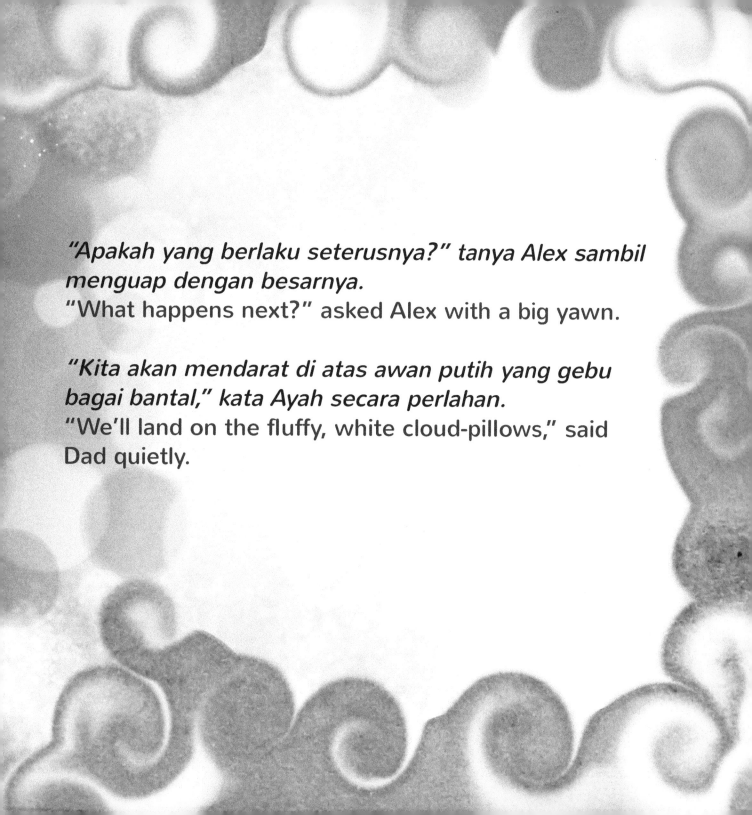

"Apakah yang berlaku seterusnya?" tanya Alex sambil menguap dengan besarnya.
"What happens next?" asked Alex with a big yawn.

"Kita akan mendarat di atas awan putih yang gebu bagai bantal," kata Ayah secara perlahan.
"We'll land on the fluffy, white cloud-pillows," said Dad quietly.

Ayah memandang Alex yang sedang tidur dan bersandar.
Dad looked at Alex sleeping and leaned over.

"Selamat malam, anakku. Selamat malam, sayang. Ayah sayangkan kamu," kata Ayah. Kemudian, dia mencium dahi anaknya.
"Goodnight, son. Goodnight, dear. I love you," said Dad. Then, he gave his son a kiss on his forehead.

"Ayah akan sentiasa menyayangi kamu. Selamat malam!"
"I will always love you. Goodnight!"

CPSIA information can be obtained
at www.ICGtesting.com
Printed in the USA
LVHW071134100820
662812LV00023B/1685

9 781525 923081